Heinrich Wilhelm von Gerstenberg

Handbuch für einen Reuter

Heinrich Wilhelm von Gerstenberg

Handbuch für einen Reuter

ISBN/EAN: 9783744721646

Hergestellt in Europa, USA, Kanada, Australien, Japan

Cover: Foto ©Lupo / pixelio.de

Weitere Bücher finden Sie auf **www.hansebooks.com**

Handbuch
für einen
Reuter,
von
Ohle Madsen,
Reuter.

Altona,
verlegts David Iversen,
Königl. privil. Buchhändler.
1763.

Vorrede.

Der Schuster bleibe bey seinem Leisten: Dieses Sprichwort werde ich in Acht nehmen. Reuter bin ich, und ich schreibe nur für mich und meine Cameraden; in diesem Handbuch soll nichts als was nur einen Reuter angehet gefunden werden.

Der Militairstand hat sich unter unserm allergnädigsten König **Friedrich** dem V. merklich verbessert; Die Herrn Officiers legen sich nicht nur auf Practique sondern

)(auch

auch auf Theorie, durch fleiſſiges Leſen ſu=
chen Sie insbeſondere die Grundſätze,
wornach ſie zu arbeiten haben, zu ver=
mehren: Sobald ich dieſes ſehe, betrachte,
und bewundere, werde ich auch meiner Art
nach aufgemuntert. Alles beſtrebet ſich
der fortdaurenden Huld des beſten Königs
würdig zu werden, ein jeglicher in ſeiner
Bedienung, warum ſollten wir Reuters es
dann auch nicht thun? Ich habe zugleich
mit dem erſten General der Armee das Glück
Friedrich dem fünften zu dienen, auch da=
für aufbehalten zu ſeyn, wann es nöthig
iſt, für ſeinen Ruhm und Dienſt zu kämp=
fen und zu ſterben. Das würde mir eine
rechte Freude ſeyn, wenn ich meinem Kö=
nig nützlich dienen, und für meine Perſon
dazu immer tüchtiger werden könnte.

Was

Vorrede.

Was in diesem Handbuche stehet, habe ich theils aus Büchern, theils aus eigner Erfahrung, und theils aus den Erzählungen meines nunmehr verstorbenen Oheims gesammlet. Dieser letztere hatte die Ehre als Reuter in Dienst bey Friedrich dem vierten glorwürdigsten Andenkens zu treten. Zu Ramillies eroberte er beym Einhauen in die Infanterie eine Fahne, und ward alsobald Officier; Und da er in königl. dänischen Diensten stand, wo gute Aufführung und Herzhaftigkeit niemals unbelohnt gelassen werden, so hatte er es bis zu einer Compagnie gebracht. Ihr meine Herren Cameraden! Wir dürfen uns nur gleichfalls gut aufführen, so werden wir auch schon avanciren. Ihr nehmet mir wohl übel, daß ich dieses Büchlein nicht

in

Vorrede.

in meiner Muttersprache schreibe: allein ich muß zur Entschuldigung ànführen, daß so= wohl mein Schul = als Schreibmeister Teut= sche waren, und solchergestalt habe ich die Uebung verlohren Dänisch zu schreiben.

Diese Vorrede kann nicht besser als mit einem Wunsch schliessen, in welchen Ihr gewiß alle aus Herzensgrund einstimmen müsset.

Kongen Leve i mange Aar,
Aldrig vi en bedre faar.

Ohle Madsen
Königl. Dänischer Reuter.

I. Abthei=

I. Abtheilung.
Von den Pflichten eines Reuters.

1. Frage.

Wie muß sich der Reuter gegen seine Vorgesetzten erhalten?

Antwort.

Er muß ihre Person respectiren, ihre Befehle mit Treue, Eifer und Unverdrossenheit ausführen, niemals widersprechen, seine Ober= und Unterofficiers mit entblößtem Haupte anhören, und überhaupt durch eine höfliche und anständige Aufführung ihre Liebe und Recommendation zu gewinnen suchen.

A　　　2. Frage.

2. Frage.

Was hat er gegen seines gleichen zu beob=
achten?

Antwort.

Er begegnet einem jeden freundlich, vermei=
det weitläuftige Gesellschaft, Spielen, Saufen
und was dahin gehöret; leihet kein Geld aus,
so wie er auch keines borgt. Will er sich selbst
nicht unglücklich machen, so meldet er alles sei=
nem Officier was ihm von Meuterey, Dieb=
ståhlen, Desertion und Complotmachen zu Oh=
ren kömmt.

3. Frage.

Wie gehet er mit seiner Montirung und An=
zug um?

Antwort.

Er suchet sie nett und reinlich zu erhalten:
es fehlet niemals, ein Reuter der Ambition hat,
wie er haben soll, wird nett und reinlich im
Anzug seyn.

4. Frage.

Muß er auch suchen außerhalb der Compa=
gnie Bekanntschaft zu machen?

Antwort.

Er bemühet sich die Officiers des Regiments,
der Garnison, ja die hohe Generalität kennen
zu lernen.

5. Frage.

5. Frage.

Hat er sonst noch einige allgemeine Pflichten zu beobachten?

Antwort.

Ja! Er sorget beständig für sein Pferd; ist aufmerksam bey Commandos und Wachen in Zeiten fertig zu seyn; hütet sich für Händel, und insonderheit für pöbelhaften und einem Reuter unanständigen Scheltworten. Im Felde und überall ist er bereit, seinem Könige Leib und Leben aufzuopfern; Die Estandarte vertheidiget er bis auf den letzten Blutstropfen: Dann dafür ist er Reuter, daß er durch Tapferkeit und Herzhaftigkeit sich von andern Leuten Ehre erwerben soll.

II. Abtheilung.

Vom Hut.

1. Frage.

Wie soll der Huth sitzen?

Antwort.

Feste, insbesondere zu Pferde, dann

Ein Reuter ohne Huth, und ein Reuter ohne Pferd,
Sind alle beyde nicht viel werth.

 2. Frage.

2. Frage.

Wie soll der Huth eigentlich auf dem Kopf getragen werden?

Antwort.

Daß die vordere Spitze über das linke Au=
ge, und die Seite der Cocarde etwas erhoben
komme. Das giebt dem Reuter ein kriegeri=
sches Ansehen.

3. Frage.

Wie wird der Huth abgenommen, wann ge=
grüßet werden soll?

Antwort.

Man hebt die rechte Hand empor, ohne den
Kopf nieder zu beugen, dreht den Arm schreeg
nach der Seite, setzt den Daumen unten, den
Zeigefinger oben an die Huthform, nimmt ihn
ungezwungen vom Kopf, und bringt ihn so mit
geraden Arm an die Seite, bis unter die Hüfte
herunter. Wann dann der gegrüßet worden,
vorbey ist, oder der Huth sonst wieder aufgese=
tzet werden soll, so hebt man auf eben die Art
und mit unverrücktem Kopf den Arm wieder
an der Seite auf, und drückt den Huth, wie
vorher gesaget worden, auf den Kopf.

III. Abthei=

III. Abtheilung
Vom Gewehr.

1. Frage.

Ist es nöthig, daß der Reuter mit dem Ge=
wehr umzugehen weiß?

Antwort.

Eine abgeschmackte Frage; Ein gutes Ge=
wehr in der Hand eines unwissenden Reuters,
ist eine Klapper in der Hand eines Stroh=
manns: Es dienet nur dazu, die Vögel bange
zu machen.

2. Frage.
Wie muß der Stein aufgesetzet werden?

Antwort.

Man legt um den Stein etwas Leder oder
Bley, in Gestalt der beyden Blätter am Hahn;
hieburch kömmt er fest zu liegen.

3. Frage.
Woran bemerket man, ob der Stein sitze wie
er soll?

A 3　　　　Antwort.

Antwort.

Iſt der Hahn in die Ruhe, ſo muß der Stein den Pfanndeckel nicht berühren, thut er es, ſo iſt er zu weit nach vorne, und kann leicht den Pfanndeckel heben, und das Zündpulver verſchütten machen.

4. Frage.

Was hat man für eine Probe, um zu ſehen, ob der Stein gut ſitze?

Antwort.

Wenn der Hahn losgedrücket wird, ſo muß der Stein gerade gegen das Zündloch und mitten in die Pfanne herab fallen.

5. Frage.

Wie muß der Stein an ſich beſchaffen ſeyn?

Antwort.

Die ſo klar durchſcheinend und wohl gehauen ſind, werden für die beſten gehalten. Die Breite des Steines iſt nach der Breite des Pfanndeckels einzurichten, an den Seiten aber etwas abzuränden.

6. Frage.

Wann der Hahn ſchuld iſt, daß der Stein herhängt, und nicht in die Mitte des Pfann=
deckels

deckels hauen will, wie sucht man solches zu redressiren?

Antwort.

So steckt man etwas unter den Stein um ihn zu erheben, ja man legt ihn auch wohl das Oberste unten zwischen den Blättern des Hahns?

7. Frage.

Wie bringt man den Hahn in die Ruh?

Antwort.

Erstlich lässet man denselben bis an den Pfanndeckel herunter, und von dort ziehet man ihn wieder zurück, bis man die Nuß einschla=gen höret: die rechte Hand regieret dieses alles, und zwar der Daum den Hahn und der Zeige=finger den Abbrücker.

8. Frage.

Was bemerket man bey dem Pfanndeckel?

Antwort.

Daß die Feder daran weder zu stark noch zu schwach halte; Dann ist die Feder zu stark, so sprenget der Hahn den Pfannendeckel allenfalls nicht auf; ist die Feder zu schwach, so sprin=get der Deckel zu frühe auf, und die meiste Kraft des Steins gehet verlohren.

A 4

9. Fra=

9. Frage.

Worauf kommt es beym Feuern vornehm=
lich an?

Antwort.

Auf Accuratesse und Hurtigkeit: Der Reuter
muß keine Schlafmütze seyn, und da stehen als
wollte er auseinander fallen, er muß alles mit
Leichtigkeit und mit Geschicklichkeit thun.

10. Frage.

Wie beist man die Patrone auf?

Antwort.

So weit daß das Pulver geschmecket wird.
Wird weniger abgebissen, so verstopft sich das
Zündloch, und das Zündpulver kann keine Wir=
kung thun. Mit dem Daumen wird die Oeff=
nung der Patrone zugehalten.

11. Frage.

Ist sonst nichts beym Gewehr zu beobachten?

Antwort.

Freylich! es muß immer sauber gehalten und
fleißig geputzet werden.

12. Frage.

Womit putzt man es?

Ant=

Antwort.

Man reibt feinen Kalkstein zu Pulver, und fähret mit eines länglichten Stück einem Zoll breiten Holzes darüber: dieses Stück Holz ist auf der einen Seite flach, auf der andern aber erhaben. So wie es sich nun best anbringen lässet, netzet man es, und drücket es alsdann in den Steinstaub, um weiter über den Lauf und Beschlag des Gewehres hinzufahren, um solche von Schmutz und Rost zu reinigen.

13. Frage.

Ist sonst nichts, wie pulverisirter Kalkstein dazu dienlich?

Antwort.

Es wird auch ein pulverisirter Mauerstein dazu genommen. Zum putzen des messingenen Beschlags allenfalls eine gewisse Erde, welche Tripoli (Englische Erde:) genennet wird.

14. Frage.

Wie verhält sich der Reuter, wann er seine Armatur poliren will?

Antwort.

Er macht aus einem der vorhin erwehnten Pulver einen weichen Teich mit Wasser, schmieret solchen auf die Stellen so er poliren

A 5 will,

will, läßt es trocken werden, und bürstet als=
dann mit einer Bürste das Metall wieder ab.

15. Frage.

Wie wird das Gewehr inwendig rein ge=
macht?

Antwort.

Ist es sehr schmutzig, so muß es ausgepum=
pet werden; kann man es haben, so nimmt man
vorzüglich laulichtes Wasser dazu.

16. Frage.

Wie verhält man sich dabey?

Antwort.

Daß Schlos muß nothwendig abgenommen
seyn; noch besser ist es wann gar der Lauf aus
seiner Schwanzschraube und aus seinen Stiften
genommen wird; das Zündloch stopfet man mit
einem kleinen hölzernen Pfropfen zu, und wann
der Lauf einige Minuten mit dem laulichten
Wasser gestanden, ziehet man gedachten Pfrop=
fen wieder aus, und so wie das Wasser abläuft,
fähret man mit dem Ladstock, um welchen man
einen Lappen gebunden, nach, und drücket also
Wasser und Unreinigkeiten zum Zündloch hin=
aus.

17. Frage.

Wann aber alle Unreinigkeiten bey dieſer erſten Operation nicht weg wollen, was thut man weiter?

Antwort.

Man gießet des laulichten und in Ermangelung deſſen, des kalten Waſſers ſo viel nach, und continuiret mit dem Labſtock zu pumpen, bis daß klares Waſſer aus dem Zündloch läuft.

18. Frage.

Wie wird der Lauf inwendig aber wieder trocken?

Antwort.

Man bewindet den Labſtock ſo lange mit trockenen Lappen, bis ſich nichts feuchtes mehr im Lauf verſpühren laſſe.

19. Frage.

Womit verſiehet ſich der Reuter, um ſein Gewehr zu allen Zeiten gebrauchen zu können?

Antwort.

Ein erfahrner Reuter wird wenigſtens zwey vorräthige mit Bley oder Leder verſehene Steine haben; überdem führet er mit ſich ein Meſſer, ſo am Hefte ein zum Auf = und Einſchrauben dienliches Eiſen hat; ferner einen Fettlappen das

Ge=

Gewehr zu überwischen, und für Rost zu hü=
ten; dann eine Nadel das Zündloch zu öffnen.
Ein Reuter, der im Felde nicht alle Abend
wann er sein Pferd abgefüttert hat, und schla=
fen gehen will, nach Carabiner und Pistolen
siehet, denkt nur wie ein viertel Reuter.

❀❀❀❀❀❀❀❀❀❀❀{†}❀❀❀❀❀❀❀❀❀❀

IV. Abtheilung.
Vom Aufzäumen.

1. Frage.

Wie muß dem Pferde die Stange im Maul
liegen?

Antwort.

Daß das Gebiß einen Daumen breit über
die Haaken zu liegen komme.

2. Frage.

Ist dieser Satz bey allen Pferden unverän=
derlich zu folgen?

Antwort.

Bey den mehresten; doch bey denen so
hoch im Maul geschlitzet sind, kann die Stan=
ge einen halben Zoll höher geleget werden.

3. Frage.

3. Frage.

Wornach hat man sich aber bey Stutten zu richten, dann diese haben gemeiniglich keine Haaken, und folglich nur 36 Zähne, wann der Wallach deren 40. hat?

Antwort.

Bey diesen ist man aufmerksam die Stangen so anzulegen, daß das Gebiß zwey Zoll über die letzten Zähne zu liegen komme.

4. Frage.

Wie muß die Kinnkette liegen?

Antwort.

Flach.

5. Frage.

Wie gelanget man dazu?

Antwort.

Man drehet sie von sich ab, bis sie sich nicht mehr drehen lassen will, und alsdann nimmt man das Auge, worinne sie soll angehänget werden, und hänget solche von unten auf in den Haaken: einige haben ein Zeichen mit Rothstein oder mit der Spitze eines Nagels auf der Kinnkette, damit sie gleich sehen können, ob sie flach und wie sie gehörig liege.

6. Frage.

6. Frage.

Ist es gleich viel in welches der beyden Augen die Kinnkette eingehangen wird?

Antwort.

Nein! es muß vorzüglich in dem zweyten Auge seyn.

7. Frage.

Wann ist die Kinnkette weder zu lang noch zu los aufgemacht.

Antwort.

Wann der Daumen gemächlich zwischen die Kinnkette und die Kinnlade durch kann.

8. Frage.

Wo muß die Kinnkette eigentlich liegen?

Antwort.

In den Grübchen, welches sich dazu gleichsam an des Pferdes Kinne findet.

9. Frage

Woher kömmt es, daß die Kinn kette steif?

Antwort.

Daher, daß die obern Theile der Stangen zu lang, die Haaken aber zu kurz sind.

10. Frage.

10. Frage.

Woher kömmt es, daß die Kinnkette zu nie=
drig hängt?

Antwort.

Wann die obern Theile der Stange sehr
kurz, und die Haaken zu lang sind.

11. Frage.

Wie muß der Zaum angeschnallet seyn, da=
mit er fest liege.

Antwort.

Das Leder, so durch die Augen der Stan=
ge gehet, muß eher zu breit als zu schmal
seyn, sonst lieget die Stange nicht fest und
fällt durch.

12. Frage

Wie verhält sich der Reuter wann er auf=
zäumen will?

Antwort.

Er siehet zu, daß sowohl Kehl=als Nasen=
riem wie auch Kinnkette loshängen: er
nimmt erstlich die Stangen=und dann die
Trensenzügel über den linken Arm, beyde
Hauptgestelle aber in eben diese Hand; er tritt
hierauf an den rechten Vorderbug des Pfer=

des

des, und läſſet dieſes letztere einen Schritt
zurück treten, da er dann gegen deſſen linkes
Auge gerade über zu ſtehen kömmt. Mit der
rechten Hand ſchnallet er die Halfter los; hie=
rauf ſtreckt er den rechten Arm über des Pfer=
des Kopf zwiſchen die Ohren vor, hebt das
Hauptgeſtell der Trenſe aus der linken Hand,
und bringt ſolches nach den Ohren hinauf, da
indeſſen die linke Hand das Gebiß ins Maul
einführet, indem mit dem Daumen ganz leiſe
auf die Kinnladen gedruckt wird; mit den
Stangen wird nachher eben ſo verfahren.
Die Ohren werden oben durchgeſtochen, und
Zopfhaare herausgezogen. Der Stirnriem
der Trenſe muß unter den Stirnriem des Zau=
mes liegen, und hierauf werden Naſen= und
Kehlriem angeſchnallet.

13. Frage.

Wie feſt muß der Naſenriem liegen?

Antwort.

Daß nur eben die Spitze des kleinen Fin=
gers kann eingeſtochen werden.

14. Frage.

Wie weit ſoll der Kehlriem angeleget ſeyn?

Antwort.

Daß zwey Finger hindurch können.

V. Abthei=

V. Abtheilung.
Vom Abzäumen.

1. Frage.
Was ist dabey zu beobachten?

Antwort.

Erst wird die Kinnkette losgehaakt, dann der Kehl= und Nasenriem losgeschnallet, dann werden beyde Hauptgestelle über die Ohren herunter und vom Kopf abgehoben, wobey man sich hütet, etwas nachschleppen zu lassen, welches dadurch verhütet wird, wenn man acht giebt, daß die Zügels über den linken Arm, die Hauptgestelle aber in die linke Hand fallen.

2. Frage.
Läuft das Pferd sodann nicht davon?

Antwort.

Nein! Weilen es hier wie beym Aufzäumen auch mit dem linken Arm gleich umfangen, auch wieder mit der rechten Hand in die Halfter geleget wird.

3. Frage.
Ist beym Abzäumen weiter nichts zu beobachten?

B　　　　　Antwort.

Antwort.

Die Stange wird gleich abgespühlet und ab=
gewischet, zugleich wird zugesehen, ob nichts ge=
bogen oder schadhaft geworden.

4. Frage.

Wie wird der Zaum weggehangen?

Antwort.

Die Zügel der Stange vorne über den Na=
sen= und hinten den Stirnriem, die Zügel der
Trense aber so von inwendig durchgezogen.

VI. Abtheilung.

Vom Satteln.

1. Frage.

Wie muß der Sattel auf dem Pferde liegen?

Antwort.

Nicht zu fest und nicht zu los.

2. Frage.

Was ist beym Aufsatteln zu bemerken?

Antwort.

Die Steigbügel sind aufgezogen, die Gur=
ten oben im Sattel, und die Chaberaque und
Schwanz=

Schwanzriem gleichfalls hinten auf nach dem
Sattel eingelegt: Mit der rechten Hand faßt
der Reuter den Sattel beym Knopf, und hält
zugleich den Schwanzriem, mit der linken Hand
ergreift er den Sattel beym Stock; die Seite
der Sattelküssens drehet er von sich ab, und
solchergestalt nähert er sich vorsichtig des Pfer=
des rechtem Schulterblatt, um sodann den Sat=
tel aufzulegen.

3. Frage.

Warum tritt er nicht dem Pferde zur lin=
ken Seite?

Antwort.

Er muß dahin nicht kommen, bis der Sat=
tel aufgeleget ist, und er die Gurten ordentlich
hat fallen sehen, dann sonsten ist er nicht gewiß
wie er gurtet.

4. Frage.

Was ist weiter zu thun?

Antwort.

Wann der Sattel, wie gesaget, aufgelegt ist,
gehet der Reuter hinten um, faßt mit der lin=
ken Hand den Schweif am Ende der Rübe,
und mit der rechten nimmt er den Schwanzrie=
men, den Sattel ziehet er so weit zurück als er=

B 2.   fordert

forbert wird, ben Schweif in ben Schwanzrie=
men zu bringen: Das Haar muß wohl ausge=
zogen werden; hierauf verfüget der Reuter sich
dem Pferde zur linken Seite, lüftet den Sat=
tel, und bringt ihn nach vorne; ergreift ferner
die Gurten unten durchs Pferd durch: Mit
der Vorderstrüppe gurtet er zuerst, dann mit
der Hinter= und zuletzt mit der Mittelstrüppe.

5. Frage

Wird dann gleich ganz feste, und so wie es
seyn soll, gegurtet?

Antwort.

Nein! Man ziehet die Strüppen aufs neue
wieder an, indem man beobachtet die Mittel=
strüppe immer zuletzt zu lassen.

6. Frage.

Wie ist das Pferd recht gegurtet?

Antwort.

Wann eben ein Finger zwischen den Gurt
kommen kann.

7. Frage.

Soll dann nicht an den Vorderzeug gedacht
werden?

Antwort.

Antwort.

Freylich! so bald das Pferd gegurtet ist, wird dieses eingeschnallet.

8. Frage.

Ist dieses alles so beym Satteln wahrzunehmen?

Antwort.

Nein! der Reuter muß sich wohl vorfühlen, ob sein Sattel weder vorn noch hinten gründet, dann sonst drückt der Sattel, und der Reuter gehet schamhaft zu Fuß.

9. Frage

Soll keine Decke unter dem Sattel liegen?

Antwort.

Ja! wie gebräuchlich, der Reuter aber wohl zusehen, daß sie keine harte Stellen habe: er faltet sie vierdoppelt, und ehe er den Sattel aufbringt, muß schon die Decke dem Pferde, wie gesagt, aufgeleget seyn.

❀ ❀ ❀

~~❀❀❀❀❀❀❀❀❀❀❀❀❀❀❀❀❀❀~~

VII. Abtheilung.
Vom Absatteln.

1. Frage.
Wie verrichtet man solches?

Antwort.

Die Steigbügel sind alsdann schon aufge=
zogen, der Schwanzriem ausgehoben, und das
Vorderzeug gelöset; dann dieses thut der Reu=
ter wann er den Halfter angeleget hat; wie er
dann auch zu gleicher Zeit muß beobachtet ha=
ben, die Gurten etwas zu lösen, und den Sat=
tel zu lüften.

2. Frage.
Wie wird dieser letztere aber eigentlich ab=
genommen?

3. Frage.
Erstlich schnallt man die Mittel= und dann
die Vorder= und Hintergurte auf: Der Reu=
ter, indem er solches verrichtet, stehet dem Pfer=
de zur linken Seite. Sind nun die Gurten
los, hebt er den Sattel etwas vom Rücken ab;
die linke Hand steckt er in die Sattelkammer,
und drückt solchergestalt den Sattel gegen sei=
ne

ne Bruſt; mit der rechten Hand wirft er
Chaberaque und Schwanzriem oben auf den
den Sattel; hierauf ſuchet er mit eben dieſer
Hand die Schnallen der Gurten zu erreichen,
und faßt den Sattel im Stock, und nimmt
ſolchen dergeſtalt ab, daß die Küſſen etwas in
Höhe gedrehet, die Gurten aber unten hangen.

3. Frage.

Wird ein Pferd ohne Unterſchied nach ge=
ſchehener Arbeit gleich abgeſattelt?

Antwort.

Niemals eher, als bis es wieder in eine tem=
perirende Hitze zurück gekommen.

4. Frage

In den Fällen, da der Reuter nur abſteigen
und ſein Pferd halten ſoll, was bemerket er
alsdann?

Antwort.

Die Steigbügel werden aufgezogen, da=
mit das Pferd im Hauen nach den Fliegen,
nicht den Fuß darinn bringe; der Stangen=
zügel wird herunter gebracht, um das Pferd
dabey zu halten; der Trenſenzügel aber hinter
die Vorderbäuſchen gelegt.

B 4   VIII. Abthei=

XXXXXXXXXXXXX*XXXXXXXXXXX

VIII. Abtheilung.

Vom Aufsitzen.

1. Frage.

Wie stellet sich der Reuter wenn er aufstei=
gen will?

Antwort.

Gerade zwischen den Vorderbug und der
Gurte etwas schreege.

2. Frage.

Was thut er weiter?

Antwort.

Zuerst nimmt er beyde Trensenzügels kurz
am Halß, und legt sie kreutzweise, den lin=
ken hinüber, den rechten herüber in der gan=
zen linken Hand; darauf faßt er auch den
Zaum doppelt in die linke Hand bis über den
Zeigefinger, zwischen den Zaum thut er den
kleinen Finger, daß also der linke Zaumzü=
gel unter dem kleinen Finger, der rechte aber
über denselben liegt, der Daume muß auf die
Zügel fest geleget seyn, damit sie nicht nach=
schließen können, die Trensenzügel müssen kür=
zer wie die Zaumzügel gefasset seyn, alsdann
ergreift

ergreift man auch mit gedachter linken Hand
etwas Mähne.

3. Frage.

Hat die rechte Hand hieben nichts zu thun?

Antwort.

Ja! sie hilft die Zügel vorgedachter Maas-
ßen in die linke Hand legen, und darauf ergreift sie den Bügel, hält ihn ein wenig, bis
der linke Fuß gehörig darinn ist, sodann
läßt sie den Bügel loß, und fasset die rechte
Hinterbausche: indem dieses geschiehet, giebt
der Reuter mit dem rechten Fuß sich einen
Schwung von der Erden, tritt mit dem linken Fuß fest im Bügel, hält sich an die Mähne, mit der rechten Hand an die Hinterbausche.

4. Frage.

Wie kommt er zum niedersitzen im Sattel?

Antwort.

Indem er sich so wie gesaget in die Höhe
schwingt, muß er den Leib gerade halten, den
linken Fuß strecken, und den rechten über
Mantel und Pack schwenken: hier, bringt er
die rechte Hand zu der rechten Vorderbausche,
stützet sich auf selbige um sachte im Sattel zu
fallen. Wann dieses geschehen lässet er die

B 5   Mähne

IX. Abtheilung.

Vom Absitzen.

1. Frage

Wie verhält sich der Reuter wenn er absi=
tzen soll?

Antwort.

Den rechten Fuß zieht er aus dem Bügel,
die rechte Hand stützet er auf die rechte Vor=
derbausche, und hebt sich auf solche aus dem
Sattel, indem er den rechten Fuß über Packen
und Mantel weg schwenkt, mit dem linken ste=
het er fest im Bügel, drehet sich mit steifen
Rücken herum, greift mit der linken Hand in
die Mähne, und dann mit der rechten Hand
die rechte Hinterbausche: Sobald der rechte
Fuß die Erde berühret, läßt er die Hinterbau=
sche los, und ziehet den linken Fuß aufs hur=
tigste aus dem Bügel, und dann läßt er Mähne
und Zügel gleichfalls los.

X. Abthei=

X. Abtheilung.

Von Aufwartung des Pferdes.

1. Frage.

Was thut der Reuter bey seinem Pferde?

Antwort.

Er giebt wohl Acht darauf, striegelt, carbätscht und wischt es fleißig.

2. Frage.

Worauf achtet er vorzüglich?

Antwort.

Ob es gesund ist.

3. Frage.

Wie weis er, ob dem Pferde was fehle?

Antwort.

Frißt und säuft es nicht so gut wie gewöhnlich, stehet es traurig, läßt es den Kopf hangen, sind ihm die Ohren kalt, und schlägt ihm der Leib, so muß ihm inwendig nicht recht seyn?

4. Frage.

4. Frage.

Kann aber auch ein Pferd nicht vernagelt, gedruckt und beschädigt seyn, ohne obige Kennzeichen von sich zu geben?

Antwort.

Ja! aber das muß dem Auge eines Reuters nicht entgehen. Morgens und Nachmittags beym Striegeln muß er solches nothwendig gewahr werden: Wischt, putzt, und befühlt er sein Pferd nur gehörig, wird er die Stelle bald gewahr werden, wo es dem Pferde wehe thut.

5. Frage.

Allein das Vernageln kann zuweilen einige Tage verborgen bleiben?

Antwort.

Nicht wohl! sobald der Reuter Morgens und Abends nach den Eisen sieht, und aufmerksam ist das Pferd zwey bis drey Tage, nachdem es beschlagen worden, alle Morgen aus dem Stall zu führen, und seinen Gang zu bemerken. Mein alter Oheim war gewohnt, anzurathen, daß den ersten und zweyten Tag nach dem Beschlag, der Reuter mit einem Hammer oder Schlüssel jeden neu eingeschlagenen Nagel sachte

te behammern follte: zuckt alsdann das Pferd, so
ist abzunehmen, daß der Nagel drückt.

6. Frage.

Was thut der Reuter, wann er merkt, daß
sein Pferd Schaden habe?

Antwort.

Er meldet es alfobald feinem vorgefetzten Un=
terofficier; denn oft kann ein kleiner Schade,
der nur einen Tag verfchwiegen gehalten wor=
den, langwierig, ja unheilbar und tödtlich
werden.

7. Frage.

Wie nimmt man das Pferd vor Krankhei=
ten in acht?

Antwort.

Das ist weitläuftig zu erzählen, eine Krank=
heit kann öfters aus der kleinsten Unvorfichtig=
keit entstehen. Sollte man wohl glauben, daß
eine Stange, die nicht gehörig rein gemacht
worden, dem Pferde durch den üblen Geruch
fchädlich feyn könne?

8. Frage.

Wäre es aber nicht nöthig, daß ein jeder
Reuter einige befonders nützliche Recepte hätte,

um

um im Fall der Noth, und in Abwesenheit der Compagnie sein Pferd selbst zu curiren?

Antwort.

Am Ende dieses Büchleins werde ich einige leicht zu habende Mittel beyfügen, deren mein Oheim sich mit Nutzen bedienet hat.

XI. Abtheilung.

Vom Futtern.

1. Frage

Was wird dabey beobachtet?

Antwort.

Die Reinigung des Habers, das Schütteln des Heues, und die Sauberhaltung des Wasfereymers. Der Reuter bemerket, daß er sein Pferd nicht saufen lasse, so lange es erhitzet ist, und wenn es kurz oder lang Futter liegen läßt, so nimmt er es vor ihm weg, damit es keinen Ekel daran bekomme.

2. Frage.

Wie viel Futter wird dem Pferde aller 24 Stunden gegeben?

Antwort.

Antwort.

Dieſes hänget von dem Befehl der Vorge=
ſetzten ab.

3. Frage.

Wie oft wird es gewäſſert?

Antwort.

Zweymal des Tages: Des Morgens und
des Nachmittags, wenn es geſtriegelt worden.

4. Frage.

Läßt man es auf einmal ſo viel trinken,
wie es Luſt hat?

Antwort.

Nein; das ſicherſte iſt, es ein ja wohl zwey=
mal abſetzen zu laſſen. Iſt es ſehr durſtig,
ſo pflegt man wohl ein wenig Heu oben in
Eymer zu werfen, damit es das Waſſer nicht gar
zu heftig hinunter ſchlucke und ſich verfange.

5. Frage.

Iſt es gut daß der Reuter ſein Pferd an=
gewöhne Brodt zu eſſen?

Antwort.

Allerdings! und nicht nur im Stall, ſon=
dern auch ſogar wann es aufgezäumet iſt.
Vom Sattel ab weiß ein Reuter der gut von

C   ſeinem

seinem Pferd haben will, solchem ein Stück Brodt beyzubringen.

XII. Abtheilung
Von der Equipage

1. Frage.

Worinne bestehet des Reuters kleine Equipage, sonderlich wann er zu Felde gehen soll?

Antwort.

Er muß haben 1 Mantelsack, 3 Hember, 1. Halstuch, 1. Brusttuch ohne Ermel, 1. Fouragiermütze, 1. paar leberne Hosen, 1. paar Strümpfe, zwey paar Stiefelmanchetten, 1. paar Schuhe, 1. paar Schuhschnallen, 1. Putzscheere, einen weiten und einen engen Kamm, eine Schuhbürste und etwas Bindfaden zu verschiedenem Gebrauch.

2. Frage.
Braucht er keine Nachtmütze?

Antwort.

Nein! dazu dienet ihm die Fouragiermütze: je weniger Geschleppe er hat, desto leichter ist er selbst, und desto weniger hat er zu besorgen.

3. Fra-

3. Frage.

Wird das Brusttuch beständig im Mantelsack geführet?

Antwort.

Nur des Sommers, sonst träget er es am
Leibe.

4. Frage.

Ist das alles so der Reuter vorräthig mit
sich führet.

Antwort.

Nein! er hat überdem noch zwey Hufeisen
und 12. Hufnägel vorräthig.

5. Frage.

Haben alle Reuter dieses ohne Ausnahme,
wann sie marschfertig seyn sollen?

Antwort.

Freylich! die Vorgesetzte sehen darauf.
Doch wir dänische Reuter, die wir die Ordnung
lieben, treiben uns selbst dazu an.

6. Frage.

Ist dann weiter nichts nöthig?

Antwort.

Ueberdem schaffet sich eine jedwede Cammeradschaft ein kleines Wassertönnchen an, solches

hält

hält 6. à 8. Kannen, wird an einem Riemen
geführet, und ist zu verschiedenem Gebrauche
nöthig; was sonst noch in einer Cammerad=
schaft geführet werden soll, hänget von der Ab=
sicht und Ordnung ab.

XIII. Abtheilung.
Von der Cammeradschaft.

1. Frage.

Sind nicht alle Reuter Cammeraden und
Freunde untereinander?

Antwort.

Ja! alleine 5. und 6. oder Sieben, nach=
dem es Absicht und Befehl statuiren, halten
fürnemlich auf eine solche Cammeradschaft wel=
che Zeltcammeradschaft genannt wird.

2. Frage.
Was beobachten dann diese unter sich?

Antwort.

Der Aelteste unter Ihnen wird wie Hauß=
vater angesehen, er führet den Beutel in wel=
chen ein jeglicher der zur Cammeradschaft gehö=
ret, alle Lohnungstage 10 = â 12. gl. nach Be=
schaffenheit der Umstände leget.

3. Fra=

3. Frage.

Wozu soll dieses Geld dienen?

Antwort.

Zum Kochen! dann will man sich gesund erhalten, muß man wenigstens einmal des Tages warm Essen genießen.

4. Frage.

Was kochet der Reuter vorzüglich?

Antwort.

Rindfleisch, Suppen, welche durch Gemüse, Reiß, oder Brodt, so viel thunlich nahrhaft gemacht werden.

5. Frage.

Ist es beständig der Haußvater welcher das Kochen verrichtet?

Antwort.

Nein! das Kochen gehet in der Cammerabschaft um, alle müssen es lernen, der Hausvater giebt ihnen den dazu erforderlichen Unterricht.

6. Frage.

Wie viel Fleisch wird eigentlich â Mann gerechnet?

Antwort.

Ein halb Pfund.

C 3   7. Fra=

7. Frage.

Hat der Haußvater dann weiter nichts zu
beobachten?

Antwort.

Freylich! er siehet darauf, daß alles rein und
ordentlich in der Cammerabschaft gehalten wer=
de, insonderheit wann solche im Zelte, in Ba=
raquen, in Bürger=oder in Bauerquartiere zu=
sammen liegen.

8. Frage.

Wie werden die Sachen im Zelt ordentlich
geleget?

Antwort.

Der Sattel mit den Pistolen in den Hulf=
tern unter des Reuters Kopf, eben daselbst auch
der Mantelsack und Kleinigkeiten, der Cuiraß
und die Stiefeln zu den Füßen, der Rock im
Sattel; die Hüte hangen an der obern Zeltstan=
ge, die Carabiners stehen auf dem Kolben mit
der Mündung an die hinterste Zeltstange gebun=
den, und Pallasch, Carabinerriem wie auch Pa=
trontasche werden daselbst aufgehangen; des
Nachts decket sich der Reuter mit dem Mantel
und der Pferdedecke; bey Tage wird ersterer
im Sattel zusammen gewickelt, und die Decke,

falls

falls es trocken, aufs Pferd gelegt. Die Sat=
telküssen müssen nicht auf der blossen Erde stehen.

9. Frage.

Warum wird diese Ordnung beobachtet?

Antwort.

Damit der Reuter sowohl bey Nacht als bey
Tage das seinige finden könne: überdem ist es
nöthig, daß eine iedwede Sache seinen angewie=
senen Platz habe, dann dadurch alleine kann nur
ein enger Umfang räumig werden.

10. Frage.

Was ist im Felde in Ansehung der Reinlich=
keit zu beobachten?

Antwort.

Der Haußvater siehet darauf, daß die Zelt=
cammeraden sich fleissig kämmen, auch wenig=
stens alle 8. Tage reine Hember anlegen; daß
keiner Wasser im Zelte verschütte, noch sich wa=
sche, daß die Kochgeschirre alle Tage sauber ge=
macht werden.

11. Frage.

Wer ist derjenige der diese Geschirre sauber
hält?

Ant=

Antwort.

Eben derjenige an dem die Tour zu Kochen
den Tag gestanden.

12. Frage.

Wird eben dieses auch in den Baraquen beobachtet?

Antwort.

Zum Theil, und dann noch überdem, daß
sobald die Pferde des Morgens gewässert sind,
die Betten aufgemacht, die Kammer ausgefe-
get, und ein Fenster, um solche eine halbe oder
Viertelstunde ausluften zu lassen, offen gemacht
werde.

13. Frage.

Wer feget die Kammer aus?

Antwort.

Derjenige an dem die Tour zum Kochen für
den folgenden Tag stehet.

14. Frage.

Wie wird es mit dem Aufmachen der Bet=
ten gehalten?

Antwort.

Von denen beyden Reutern welche in einem
Bett schlafen, macht solches heute der eine,
morgen der andere auf.

15. Fra=

15. Frage.

Wird auch in den Cammerabschaften eine Ordnung in Ansehung des Aufstehens und Schlafengehens beobachtet?

Antwort.

Allerdings! der Reuter stehet auf gegen die Stunde da er Befehl hat sich im Stall einzufinden. Kurz nach der Retraite leget er sich schlafen; alsdann muß alles ruhig und stille, auch Feuer und Licht ausgemacht seyn.

XIV. Abtheilung.

Von den Pflichten eines auf Schildwache stehenden Reuters.

1. Frage.

Darf ein solcher sich setzen, das Gewehr aus den Händen legen, oder schlafen?

Antwort.

Durchaus nicht! es stehet Lebensstrafe darauf.

2. Frage.

Wie weit darf er von seinem Posten spatzieren?

Ant=

Antwort.

Nicht über 20. Schritte.—

3. Frage.

Was hat er zu beobachten?

Antwort.

Er muß keinen Toback rauchen, nicht essen oder trinken, oder aus Neugierigkeit nach etwas sehen, indem er darüber dasjenige versäumen könte, worauf er Acht haben soll. Eine Schildwache muß sich niemand, zu nahe auf den Leib kommen lassen, auch mit niemand er sey wer er wolle, die Vorgesetzten ausgenommen, in ein Gespräch einlassen, sondern wann sie warum gefraget wird, kurz antworten. Sie muß kein Geld oder was es sonst seyn könte annehmen, oder neben sich hinlegen lassen. Sie muß das Feldgeschrey wohl wissen, auch nichts von dem, so ihr übertragen worden, vergessen. Sie soll das Futteral nicht auf dem Pfannbeckel haben, nach der Retraite vor niemanden als Patrouillen und Ronden presentiren. Nicht leiden daß jemand dichte bey ihrem Posten vorbeylaufe oder jage, sondern auf den einer Schildwache gebührenden Respect halten; keine Händel, Zänckereyen, Geschrey und Lärmen verstatten.

XV. Ab=

XV. Abtheilung.

Von demjenigen so der Reuter
vor= in= und nach der Schlacht
beobachtet.

1. Frage.

Was thut er vor der Schlacht?

Antwort.

Er nimmt die Zeit so viel möglich in Acht,
warm und satt zu essen; mit Brodt versiehet er
sich wenigstens auf zwey Tage, und kann er es
haben, suchet er auch etwas Wasser mit Wein=
essig oder Brandwein vermischt, in einer klei=
nen Flasche bey sich zu führen.

2. Frage. —

Wie verhält er sich gegen die Zeit, da zum
Angriff vormarschiret werden soll?

Antwort.

Er muß stille seyn, oder wann er einen
elenden Nebenmann hat der sich fürchtet, ihm
Heldenmuth einsprechen: dann ein Reuter
kann auf seinem Posten von der Gefahr nicht
urtheilen, und es ist eine Anzeige einer feh=
lerhaften Courage, wann man bey jeder Klei=

nig=

nigkeit Gefahr vermuthet. Der Reuter ist
gemacht Streiche auszutheilen, nicht, sich
vor den Streichen zu fürchten.

3. Frage.

Wie siehet ein rechtschaffner Reuter den
Tag der Bataille an?

Antwort.

Als seinen Ehrentag, der ihm Glück,
Ruhm und Beförderung verspricht, wofern
er nicht etwa einen heldenmüthigen Tod, den
besten unter allen, erhält.

4. Frage.

Wann darf er Beute machen?

Antwort.

Nicht eher als bis es erlaubet worden: dann
so lange noch Gelegenheit zu streiten vorhanden,
ist es schimpflich mit Beute machen sich zu be-
schäfftigen.

5. Frage.

Was läßt er sich vornehmlich angelegen
seyn?

Antwort.

Fahnen, Pauken, Standarten und der-
gleichen Ehrenzeichen dem Feinde abzunehmen,
wofür

wofür er eine befondere Belohnung und Avancement erhalten kann.

6. Frage.

Was thut der Reuter wann er seinen Vordermann fallen sieht?

Antwort.

Er rückt heldenmüthig in deſſen Stelle, und ſucht Gelegenheit deſſen Tod zu rächen.

7. Frage.

Was thut er wann jemand weicht?

Antwort.

Er haut ihn auf der Stelle nieder, als einen unwürdigen und unehrlichen Kerl, der nicht zu leben verdienet.

8. Frage.

Was thut er, wann er bleſſiret wird?

Antwort.

Er wehrt ſich auf alle mögliche Art, und ſo lange er noch Kräfte hat, läßt er den Pallaſch nicht ruhen, bis er einige Feinde mit ſich ins Graß geſtrecket.

9. Fra=

9. Frage.

Wie geht er mit den Einwohnern des feind-
lichen Landes um?

Antwort.

Höflich, anständig, und menschlich, dann
es sind unschuldige Leute denen man nicht das
geringste wegnehmen darf. Ein dänischer
Reuter thut nichts als seine Schuldigkeit, und
hütet sich durch sein Verhalten, Schande oder
Klage zu erregen. Gott vor Augen und dem
König getreu, ist die Richtschnur seiner Hand-
lungen.

Anhang

Anhang,

worinnen einige leicht zu habende probate Mittel meinen Cameraden mittheile.

Wenn ein Wallach nicht stallen kann.

Nimm ein Glas von deinem eigenen Urin, gieb es dem Pferde zu trinken, und reite es warm.

In einen Schafstall gestellet, thut auch gute Dienste.

Wenn ein Pferd die Fiebel hat.

Die Fiebel sitzt wie Fischgräte unter der Zunge. Diese streiche mit der Schärfe des Messers weg, und steche in die dritte Kerbe des Gaumen mit einer Gabel oder Schusterpfrie-
men; Nimm zugleich eine Hand voll Salz, und reibe die Zunge damit.

Wenn

Wenn ein Pferd ins Auge geschlagen
oder gebissen ist, und sich ein Flecken
darinnen äussert.

Wasche das Auge mit reinem kaltem Wasser,
steche mit einem Zwirnsfaden durch das gegen
über stehende Ohr, und schlage an jeder Seite
des Ohrs einen Knoten. Wenn die Materie
aus diesem Loche aufhört zu fließen, so wird das
Auge rein seyn.

Ist ein Pferd vernagelt.

So nimmt man Franzosenöl für 1. ℔. und
den 3ten Theil Scheidewasser, und gießet es in
das Loch, den Nagel schlag in ein altes Holz;
das Loch wird mit Hanfwerk wohl vermacht.
Ferner

Wenn ein Pferd vernagelt ist, daß
das Blut heraus gehet.

So tröpfelt man heisses Terpentinöl darein,
und vermacht das Loch wohl.

Wenn ein Pferd etwas spitziges in
den Fuß getreten, es sey Holz, Dorn, Nagel, spitzige Steine, oder was es
seyn möge.

So soll man den Fuß alsobald visitiren, das
Beschädigte herdus nehmen, und eine Mixtur
von

von ungelöschten Kalk, Eyerklar und Essig darauf schlagen. Wenn aber der Stumpf noch darinnen ist, so nimmt man Milchraam und Rockenmehl, macht ein Pflaster davon, und legt es so warm darauf als es das Pferd leiden kann.

Ist ein Pferd auf die Krone getreten.

Wenn der Tritt noch neu ist, so legt man einen Schuß Pulver darauf, und zündet es an, das macht den Schaden gleich trocken. Ferner nimm ein Ey, laß es hart kochen, pflücke die äusserste Schaale ab, schneide es mitten in der Länge über, dunke die durchgeschnittene Seite in etwas Essig, worinnen vorhero eine Messerspitze voll gestoßenen Ingwer, Pfeffer und Salz gemenget worden, applicire es mit einem Verband so warm wie thunlich, der schadhaften Stelle, wiederhole es alle 3 Stunden, nach Verlauf von 24 Stunden wird solche Stelle trocken seyn.

Wenn von dem Tritt das Leben oben ausgehen will, so legt man ihm ganz heissen Hundskoth darüber, so fleucht der Kern zurücke; alsdann soll man es mit einem heissen Eisen nachbrennen, aber wenig, und alsdann Honig und

D   Rocken-

Rockenmehl darüber gelegt, mit Hanfwerk wohl
verwahrt.

Wenn ein Pferd geschlagen ist.

So mache ich einen Verband: Eine Hand
voll Hopfen, eine Hand voll Heusamen, alt
Fett, zusammen in Wein oder Bierhefen ge=
kocht, warm umgeschlagen, wenn es kalt ist, wie=
der frisch umgeschlagen. Ist aber der Schade
versäumet, und hat schon einen Schwamm ge=
setzet, muß man mit einer Fliete herunterwärts
eine Oeffnung machen, und ungelöschten Kalk
darein streuen, das verzehret den Schwamm in
2 bis 3 Tagen. Denn macht man die Wun=
de rein mit Salz und Wasser, und heilet es mit
Ægiptiacum.

Einige Hände voll Sehnidkraut, mit ein
oder zwey Kannen Bier, und zwey Löffel alt
Fett gekocht, den Schaden mit der Suppe ge=
waschen, und mit dem Kraut warm verbunden,
ist auch probat.

Hat es Würmer oder Bauchweh.

Die Zeichen, wenn ein Pferd die Wür=
mer beissen, sind wohl diese: Es legt sich nie=
der eins um das andere, und schauet sich selbst
an den Seiten; der Bauch schwillet ihm nicht,
sondern

sondern ist dünne in den Seiten; es mistet
und stallet, nur daß es keine Ruhe vor Schmer-
zen hat. Wann die Würmer erstlich bey einem Roß wachsen, das erkennet man also;
Es nimmt nicht zu, sondern ist allezeit mager.
Es frißt gerne Koth und Leder, auch andere
Dinge, und lecket an den Wänden und May-
ren. Man nimmt Farrenwurzel, macht die
zu Pulver, und meliret sie mit dem Futter,
welches angefeuchtet seyn muß, damit das
Pulver nicht weggeblasen werden kann. Wenn
einem Pferde die Würmer aber schon stark zu-
setzen, so nimmt man klein gestossene Eyerschaa-
len, Hammerschlag, Brandtwein, und Pfeffer, hiezu giesset man Essig, man machet es
warm, und schüttet es dem Pferde laulicht
ein. Oder man nimmt 2 Loth Vitriol, legt
es in eine halbe Bouteille guten Essig, und
lässet es einen guten Wall thun, alsdann schüttet man es dem Pferde laulicht in den Hals,
das vertreibet alle Würmer, was Art sie auch
seyn.

Wann ein Pferd sonsten Bauch-
pein hat.

So nimmt man 2 à 3 Häupter Knoblauch,
so wie sie groß sind, schneidet es ganz klein,

und gieſſet es mit 1 ℔. Kornbrandewein ein,
und dann brav geritten.

Wann ein Pferd kropfet, und der Kropf nicht flieſſen will.

1 Löffel voll Baumöhl, 1 Löffel voll ge-
mahlenen Senf, und 2 Löffel voll Wein-
eſſig, wohl durch einander geſchüttet, und in
die Nüſtern gegoſſen, darauf geritten, daß ſich
die Haare anlegen, bringet gleich zum Fließen.

Wann ſich ein Pferd überfreſſen.

Vors erſte ſoll man ihm das Blut am
Schienbeine, auch an einer Bugader und in
der Naſe laſſen, hernach appliciret man ihm
folgendes Clyſtir? warm Waſſer 1 Maas,
Baumöl 1 ℔, Salz eine Hand voll, unter einander gemiſchet, und laulicht appliciret:

Man nimmt auch 6 Loth Knopflauch ge-
ſtoſſen in ½ Maas Wein, und gieſſet es laulicht in den Hals.

Iſt es an die Sehne gedruckt.

Nimm Terpentinſpiritus und ſtarken Wein-
eſſig, jeglicher Sorte gleich viel, tunke einen
Schwamm darinne, und applicire es mit einem

nem Verband der schadhaften Stelle, wiederhole es alle 12 Stunden. Ferner

Hat es sich etwas aus dem Gelen-
ke gestoßen.

So nimm Franzbrandewein und Terpentin-
essenz von einer jeglichen Sorte für 2 ßl, und
wasche damit die schadhafte Stelle von 3 Stunden zu 3 Stunden.

Hat es sich einen Stollschwank
gelegen.

Laß zuvorderst die Stollen etwas flach schlagen, wasche die schadhafte Stelle mit einem
Schwamm viermal des Tages, und verwa-
sche jedesmal einen Eymer voll kalten Wassers.
Ferner

Ist es gedruckt

Franzbrandewein genommen, damit gewa-
schen, sodann weiße Seife nachgerieben, daß
es schäumet, und den Schaum darauf sitzen
lassen, ziehet die Hitze aus, und verhindert
daß sich kein Schwamm hinein setzet; nur 3
Tage à 2 mal.

Die Hauptregeln beym beschla-
gen sind.

1. An den Vorderfüßen die Nägel, nach
vorne und an den Hinterfüssen nach hinten ein-

ſchlagen zu laſſen, weil das Leben bey den erſtern nach hinten, und bey den letztern nach vorne zu lieget.

2. Nicht zu verſtatten, daß beym Auswerken, die Schmiede die Hacken öffnen, die Drachten zu ſehr wegſchneiden, und vorne zu viel wegnehmen.

3. Darauf zu ſehen, daß ſchmeidige und flache Nägels gebraucht werden.

4. Daß das Eiſen wohl aufpaſſe, und nicht grober und ſtärker als erforderlich gemacht ſey.

5. Daß das Eiſen nicht an die Sohle, ſondern bloß an das Horn zu liegen komme; und

6. Daß die Nägel egal und alle gleich hoch ſtehen.

Ein Reuter der ſein Pferd lieb hat, wird bey dem zweyten und dritten Beſchlag ſchon bemerken, ob der Schmied alle erforderliche Vorſicht brauche oder nicht. Aeuſſert ſich Steingalle, muß ſolche wohl ausgeſchnitten, und Oleum antimonii oder Drachenblut darinn geträufelt werden.

❀ ✠ ❀

Regiſter

Register
über die in diesem Handbuch enthalte-
ne Fragen.

IV. Abtheilung.

Vom Aufzäumen.

V. Abtheilung.

Vom Abzäumen.

VI. Abtheilung.

Vom Satteln.

3 Warum

VII. Abtheilung.

Vom Abfatteln.

VIII. Abtheilung.

Vom Auffitzen.

8 Wie

IX. Abtheilung.

Vom Absitzen.

X. Abtheilung.

Von Aufwartung des Pferdes.

XI. Abtheilung.

Vom Futtern.

Register.

XIV. Abtheilung.

Von den Pflichten eines auf Schildwache stehenden Reuters.

XV. Abtheilung.

Von demjenigen so der Reuter vor=in=und nach der Schlacht beobachtet.